동백의 뜰에서

최명숙 시집

동백의 뜰에서

초판인쇄 2023년 9월 8일
초판발행 2023년 9월 18일

지은이_ 최명숙
발행인_ 이현자
발행처_ 도서출판 현자

등　록_ 제 2-1884호 (1994.12.26)
주　소_ (우)04550 서울시 중구 수표로 50-1(을지로3가, 4층)
전　화_ (02) 2278-4239
팩　스_ (02) 2278-4286
E-mail_001hyunja@hanmail.net

값 11,000원

ISBN 978-89-94820-88-0 03810

동백의 뜰에서

최명숙 시집

도서출판 현자

| 시인의 말 |

원했습니다
언젠가
내 글이 활자화되었으면…

이제, 다시
고개를 숙이고
연필심을 세웁니다

2023년 8월
최명숙

차례

1부 도심의 달

2부 가을을 걷는다

3부 나는 보았다

4부 사람을 찾습니다

1부

도심의 달

소나기여 내려라

햇빛이 일직선으로 거침없이 들어온다
다층 구름들이 기세 좋게 몰려다니다
무섭게 돌진하는 먹구름이 다 덮어버리니
기다렸다는 듯 소나기가 세상을 적셔버린다

연극무대 행인1 지나가고, 행인2, 3도 지나가고
낮이 가고 밤이 오듯, 기쁜 일 뒤에 슬픈 일 오듯

소나기여 시원하게 내려라
내 머리 위에도 시의 소나기여 내려라
폭포처럼 쏟아져라
맞으며 가기도 하고
쉬었다 가기도 하게

시선

담과 돌의자 사이 흙속에서
가녀린 목을 길게 빼고
세 살 배기만한 키에 노랑 장미 다섯 송이 서 있다
하양 나비 한 마리
사뿐사뿐 앉았다 가고
개미들 줄지어 잎사귀를 간지럽혀도
화사한 미모를 뽐내며
아름다움이란 그저 한순간일 뿐
삶이란 높음이 있으면 낮음이 있다는 듯
사람의 시선을 한숨에 잡아끄는
저 완벽
지나가는 하늬바람도 살살 희롱하고 있다

여유

바둑무늬 긴 털의 삽살개
나무 터널 속으로 성큼성큼
뒤를 돌아보다 앞으로 간다

"몇 살이에요"
수줍은 듯, 자랑스러운 듯
얼굴 가득 미소를 띠시며
"8살이요, 나이가 많아요
좋은 날 되세요"

고개를 살짝 숙인
할머니 뒷잔등이
푸근함으로 가득하다

성장통

잠을 좋아할 나이는 아니지만
단잠에 푹 빠져
꿈속을 여행하다 결정적인 때 놀라 깬다
몽롱한 상태에서 성장통을 겪는다

하늘
해
달
별빛에
푹 젖어
우려낸

맑은 정신 속에 시 한 수 읊을
그 순간을 기다린다

도심의 달

힘든 영혼들의 밝은 빛
포근한 자궁 같은 안식처

오늘을 미련 없이 끝내고
내일을 아낌없이 열어주는

도심의 달은
누구에게나 언제나 열려있다

경계

동백꽃 흐드러지게 피어 있는 사진을 보고
황홀해서 시름이 다 사라진다고 말하는데
액자 뒤로 흐르듯 스쳐 가는 허상 한 자락

들여다보면 가지마다 다 다른 모습으로 자라서
새 각시 같은 화려함으로 절정에 이르기도 하고
시들어 추해지기도 하고
떨어져 바람에 날리고 발길에 치이기도 한다

사람과 사람 사이도 겉만 보다가
어느 날 속을 보고 마음 다칠 때

허상과 실상의 경계에서
그냥, 멈춰 서고 싶을 때가 있다

가족

토요일 오후, 강바람이 시원한 여동생 집에 친정 가족들이 모였다
현관문이 열리자 하얀 털을 날리면서 검은 눈망울의 옌이
펄쩍펄쩍 뛰며 반가워 어쩔줄 모르고
사람을 좋아하는 옌은 그 중 편안한 사람 품에 안겨 늘어진다
그런 앙징스런 모습을 사진 찍어 카톡 가족방에 올렸더니
샘이 났는지 시골 동생집에 사는 누렁이가 큰소리로 짖는다
옌은 하얀 털에 허리가 길고 다리가 짧아 귀엽고 천방지축인데
몸집이 큰 누렁이는 사람을 무서워하는 겁이 많은 순둥이다
이들은 한집에 사는 사랑받는 가족이다

한집에 살지 않아도 서로 밥인사를 물어보고 챙겨주고
관심을 가져주는
그런 세상에 나는 산다

쉼

매미 소리가 일시에 그치고
꽃이 살포시 초승달처럼 눈 감으면
한낮의 정적이 감돈다

사람을 만나서 허겁지겁 먹고
급하게 못다한 이야기 쏟아내면
시원한 바람이 빈 곳을 만들어 주고

다른 사람 또 만나 차 마시고
많은 생각을 한 번에 짜내면
초록 잎들이 춤추며 틈을 만들어 주고

매미들 다시 힘차게 노래하고
사람들이 또 일어나면
지구는 그 사이 한 바퀴 돈다

철탑

집 뒷베란다 창문을 열면
완만한 반원 위에 3단형 로켓이 꽂혀있는 듯한
반듯한 철탑이 한눈에 들어온다

새벽 어스름이 광명에 자리를 내놓으면
불그레한 놀이 철탑을 휘감으며 그림을 그리고
흰 구름이 다가와 배경을 만든다

외출했다 돌아오는 길에 범선의 돛 같은 철탑이 보이면
다 와 간다는 안도감이 들며
출발점이자 귀환점 같은 곳이다

높지 않아 편안한 뒷동산과 날렵한 철탑은
볼 때마다 다양한 모습으로
시상을 주는 정이 가는 친구다

노거수老巨樹

햇볕은 따갑고 바람이 살랑대는 오후
말로만 듣던 그를 처음 만났다

어머나, 눈이 커지고 입도 벌어지며
경외심과 측은함이 동시에 일렁거렸다

칠백 세 가까운 세월을 보내며
땅에 황토가 많은 산황산, 산황동에 사는
무학대사의 품에서 태어난 당산목堂山木 느티나무

천재와 인재 속에 상체는 문드러지고
두 팔과 하체로 힘겹게 버티며
질곡의 삶을 살아온 노옹의 미소를 띄고 있었다

당산목이시여
막걸리 한 잔 올리오니 기력 회복하시고
못난 중생 어여삐 여기시고 같이 사십시다

멍 때리기

스르르 스르르
뱀이 지나가는 소리가
온몸에서 들려오면

눈을 살며시 감고
숨을 천천히 내시며
기氣를 조금씩 조금씩 용천으로 내리고

묵언 수행자 되어, 물레방아 낙차 소리
소쩍소쩍 울어대는 소쩍새 소리
푸르른 나무의 숨소리를 듣는다

포근하게 등을 감싸주는
따사한 바람의 손길
마음이 점차 편안해진다

꿈나리 꽃

친구가 산책 길에 찍은
참나리 사진 한 장을 보냈다

홍당무빛 얼굴에 주근깨 소녀가
미소를 머금고 살짜기 쳐다본다

비 개인 뒤 산뜻한 파란 하늘
매미는 목청 높여 짝을 부르고
등 뒤로 솔솔 불어오는 하늬바람
돗자리에 앉아 책장 넘기니
책갈피로 눈꺼풀이 내려와
소녀와 손잡고 산속을 내달린다

관심가지기

자연휴양림 가는 날
고르고 골라 몇 년 만에 신은 가벼운 운동화
맘도 가벼웠다

숲속 계곡은 춤추며 노래하는 물소리로 가득했다
금강송 붉은 바늘잎을 밟고 걷는데
운동화 밑창이 한 개, 한 개 다 떨어지더니
위와 아래가 입을 쩍 벌리며 갈라졌다
구멍난 나를 보는 듯
주변 사람이랑 물건들이 스쳐 지나갔다

운동화의 하얀 끈을 풀어서
신발의 위, 아래를 발등이 아프도록 꽉 묶으니 걸을만 했다
내 몸의 구멍이 잠시 메꿔지고
보고픈 사람들
제자리가 필요한 물건들
밖으로 나오고 싶어하는 시

관심은 사랑이다

백일몽

어느 구석에선가 무언의 소리가 들리고
눈이 찌르르 바늘에 찔린 듯 통증이 온다

어느 곳을 헤매는지 둥둥 떠서 걸어 다니고
숨 가쁘게 쫓기다 엄마를 만나고
저러면 어떡하지 애를 태우다
눈이 번쩍 뜨인다

따뜻한 햇살이 방 안을 비추고
시침은 오후 4시를 가리킨다
힘들 때는 어김없이 한 번씩 나타나는

그립다
엄마의 체취가

김치 사랑

뭐 먹을까
뭐 좋아해
다 잘 먹는데 특히 김치가 맛있으면 더 좋고

빨갛게 떠오르는 고추가루의 행렬
준비가 됐다는 듯 전투 태세를 취한 채
식도를 타고 내려 위를 자극한다
시큼한 냄새는 코를 움찔하고 뇌를 세뇌시켜 침샘이 나오고

추운 날 귀가 시리고 몸이 떨릴 때
뜨끈뜨끈한 김치찌개 한 냄비는 오감을 만족시키고
어릴 적 엄마가 끓여주시던 김치국밥은 단연 최고였으며
기름진 음식 뒤에 상큼한 김치는 속을 개운하게 만들고

한때는 너를 깊이 알고 싶어 했는데
그냥 폭넓게 항상 옆에서 지켜보며
매 끼니마다 너를 만나고자 한다

열나흘 달

완성을 향해 가는 열나흘 달

도시의 건물을 고루고루 비추고
소나무, 은행나무 가지 사이로
원만한 얼굴 내밀었다
구름을 스치고 별밭을 지나며
혼자서 흐른다, 초연하게
누가 쳐다보지 않아도
말하지 않아도 흐른다

그래, 나의 길을 가자
초연한 달처럼 당당하게

시詩가 익어가는 공간

검은색 새 건물
햇빛에 반짝이는 손잡이 세 개
그 첫 번째 손잡이가 우리를 맞아 들였다

큰 책상 하나와 일인용 책상 8개
의자 9개와 책장 3개가 반갑단다

창문을 통해서 바깥세상이 보이는
하늘과 지나가는 사람이 보이는 자리는
제일 먼저 찜을 당하고

따뜻한 차 한잔에 손과 몸을 녹이며
마음은 시의 세계를 넘나든다

책장 넘기는 소리,
하나라도 놓치지 않으려 귀를 쫑긋하고
펜을 바쁘게 움직인다

시간은 흐르고, 열정은 타오르며
시상이 쌓이는 이 공간, 어찌 사랑하지 않으리!

전철 속에서

속력을 내어 달리는 전철문에 바싹 붙어서
손거울에 얼이 없는 듯한 얼굴을 비추고
손이 바쁘게 왔다 갔다 쉬지 않는다

급하게 나온 듯 헝클어진 긴머리
검은 겨울 점퍼, 구겨진 흰 면바지
맨발에 큰 슬리퍼, 그 옆에 속이 허한 쇼핑백

무슨 생각하며 분칠을 하는 걸까
몇 정거장이 지나가도 계속되는 화장
겉만 번지르한 우리의 모습

뿌리가 썩어서 잎이 푸석푸석
간신히 꽃 한 송이 남아 숨 쉬는
속이 말라 울고 있는 병든 나무

달바라기

어둠이 내리면 가슴이 뛴다
영감靈感을 주는 님을 보려고
초승달 같은 눈이 커진다

한동안 장마와 속세에 빠져 잊었는데
이제 허공에서 번쩍하는 빛만 봐도
님이신가 눈동자가 빛나고

한밤중 환한 빛에 이끌려
하늘을 보니 청회색 구름 사이로
열사흘 님을 만났네

만월滿月을 향해
노 저어가는 열사흘 달
산 정상을 향하는 우리의 모습 닮았네

나에게로 가는 길

천 년 동안 흙을 베개 삼아 자다가
어느날 한 농부의 손에 이끌려
잠을 깬 창령사 터 오백나한五百羅漢

바위 뒤에 앉아서 허공을 향해 기도하고
할머니 같은 푸근한 미소를 띠기도 하고
달마대사처럼 가사를 뒤집어 쓴 채 선정에 들기도 하고
깨달음을 얻어 합장하며 기뻐하기도 하는
그들과 눈을 맞추며 묵언에 든다

어둠을 뚫고 빛이 비치면 서서히 움직이는 연꽃
비가 내리면 비를 맞고
천둥이 치면 천둥소리를 듣고
물이 흐르면 물소리를 듣고
새가 울면 새소리를 듣는다

내 영혼의 소리도 조금씩 들린다

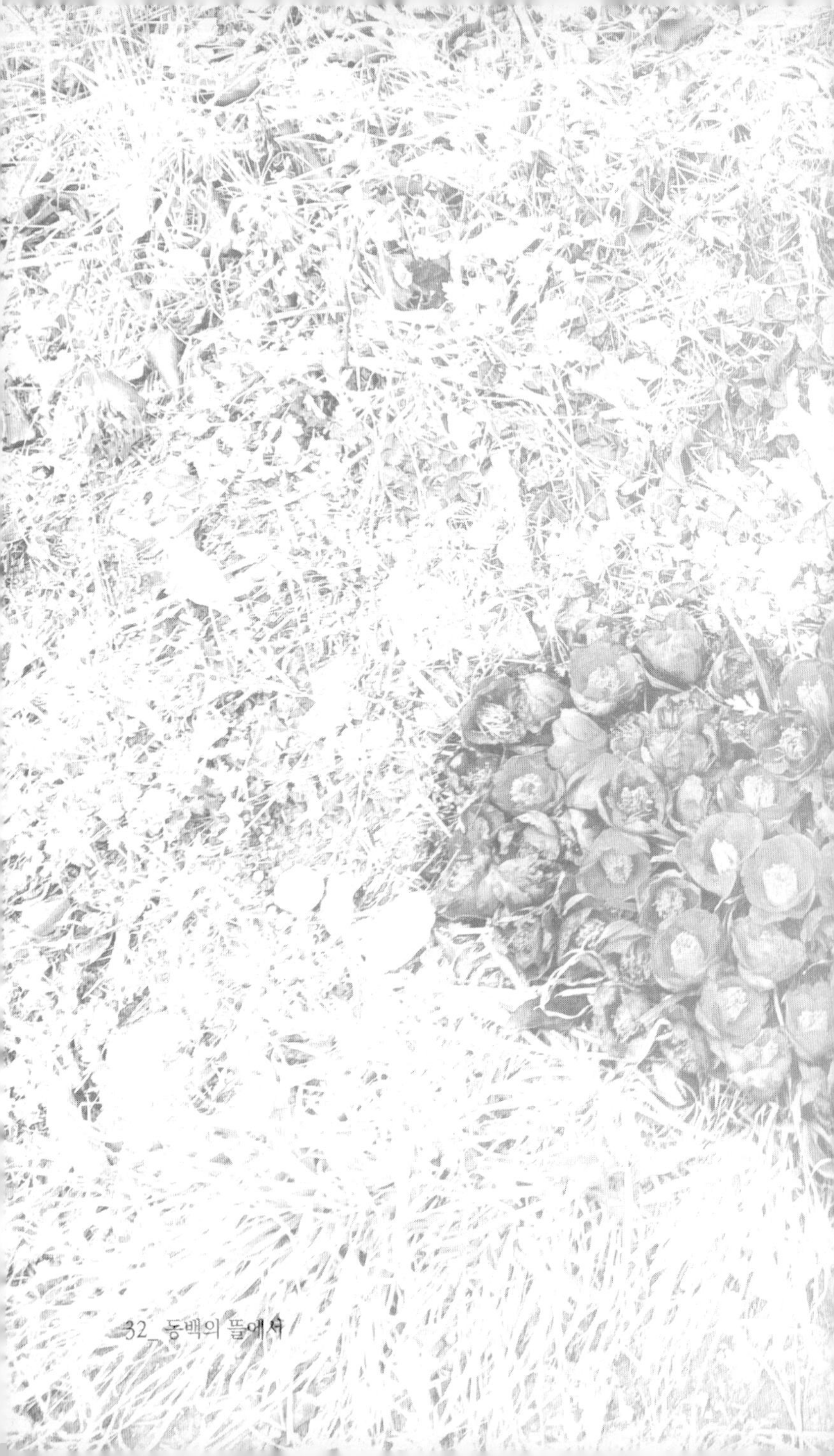

2부
가을을 걷는다

그날

할머니의 포근한 등에 업혀
좁은 마당을 왔다 갔다 서성거렸어

머리 위 넓고 어두운 밤하늘에는 갸름한 노란 달빛
엄마가 있는 방엔 따뜻하게 빛나는 노란 불빛
간혹 도란도란 말소리가 새어 나왔어

'에고, 빨리 나와야 할 텐데'
'동생 나온다, 동생 나와'
할머니의 염불 같은 중얼거림을 들으며
설핏 잠이 들었는지

네 살 무렵
내 머릿속 첫 기억 같은
동생이 내게 오던 바로 그날

나는 오늘 동생 닮은 세월을 공굴리고 있다

반달눈을 가진 여자

카랑카랑한 현악기의 높은 목소리를 가졌지만
목소리 사이사이 거무스레 저승꽃이 피었다

비들비들 야윈
여자의 천진스런 반달눈이 웃을 때면
하이얀 박꽃 향기가 피어나고
엄마 품처럼 포근하게 젖어들곤 한다

여자는 새장 속에 갇힌 새처럼
세상 밖으로 나오기를 두려워한다

나는 친구 같고
엄마 같은 여자를 윤줌마라 불렀다

해바라기가 사는 집

처음 그 집에 갔을 때
거실 바닥에는 붓과 유화물감이
책상에는 책과 스케치북이 뒤엉겨 주인의 손을 기다리고
햇살 좋은 창 옆에는 색동저고리 입은 긴 머리 소녀가
캔버스에서 미소 지으며 말을 걸어오고

마음이 따뜻한 주인은 대수롭지 않다는 듯
느릿한 말투로 대화를 끌어가며
어렸을 때의 색동저고리가 창작의 고향이라고 말했다

며칠 후 다시 그 집의 현관문을 여는데
고흐의 활활 타는 해바라기가 마중을 하고
색동 여인이 사라진 캔버스마다
춤추는 해바라기 물결, 재물을 불러온다고
친구들에게 주겠다는 주인의 얼굴은 해바라기가 되고

벌써 현관문을 밀치고 돈이 들어오는 소리가 들리는 듯

가을을 걷는다

선선한 바람과 앞서거니 뒤서거니 물을 보며 걷는다

바람에 온몸 흔드는 갯강아지풀, 보라 순비기꽃을 스치며 걷는다

해 질 녘 구름 속 빛내림의 방향을 좇아 걷는다

홍자색 해당화 노란 꽃술이 바람에 날려도 무심히 걷는다

그리운 얼굴이 떠올라도 바람에 실려 보내고 천천히 걷는다

어둠이 내려도 바람에 휘청거리는 키 큰 야자수 보며 그냥 걷는다

왕귀뚜라미 울음 길동무 삼아 북극성을 찾아 묵묵히 걷는다

아린 손가락

열 손가락 중 예쁘지 않은 손가락이 있을까
생김새와 쓰임새도 다 다르며
그중에 하나만 아파도 쩔쩔매고 고통스럽다

살아가면서 다 좋을 수 있을까
어느 거 하나는 양보도 해야 하고 받아들이기도 하며
출발선은 같아도 길은 여러 갈래고
크기도 다 다를 수 있다

어느날 선물처럼 찾아온 아린 손가락
어르고 품어주며 다독거려
해바라기처럼 환하게 웃을 날 기다린다

인연

하늘, 태양의 환하고 따뜻함을 감싸주려는 기운의 여자
땅, 나무, 풀잎의 맑고 투명한 이슬의 운을 가진 남자

둘은 우연히 만나 사연을 이어가다 한 공간에 살고
해가 뜨면 이슬이 말없이 사라지듯
한 사람이 들어오면 한 사람은 웃으며 나가고
해가 구름 속에 숨으면 이슬은 슬며시 들어와
한 공간에서 편안하게 같이 숨을 쉰다

그들은 이 세상의 중간쯤에서
서로의 기운을 조금씩 비워가며
물처럼 어울려 친구처럼 살아간다

사람아, 사람아

언제 어디서 어떻게 올라올지 초관심을 두는 사람아

붉어지는 태양만, 그 태양만 바라보는 사람아

그림자를 어디에 뿌리는지 어떤 빛을 띄울지 그려보는
사람아

친구들을 데리고 오는지, 집은 언제 가는지
어떤 상태로 들어갈지 머릿속이 실타래 같은 사람아

내일은 비가 오신다니
온몸의 기가 빠진 태양 바라기 사람아

공전만 하지 말고 자전도 하렴

사진 친구

겨울이 오면 영하 10도가 넘는지
수시로 날씨 상태를 알아보던
사진작가 남편에게 마침내 그날이 왔다

고요하고 투명하게 얼음이 어는
순은 같은 성에를 카메라에 담기 위해
고추바람 갓밝이에 서둘러
화원으로 향한다

꽃과 잎들이 성에 낀 유리 안에서
절정을 향해 기도하며 숨을 삼키는 사이
최고의 작품 한 점을 위해
쉴 새 없이 카메라 셔터를 누르는
사진 친구를 멀리서 눈으로 보듬는다

꽃님

새벽에 일어나 남을 위한 기도로
하루를 시작하는 해바라기 꽃님이여

전생 한恨이 남았는지 어려운 사람
도와주는 것을 밥 먹듯 하는 천상의 나팔 꽃님이여

교회를 다니면서도
초파일이면 절에 가서 꽃을 꽂고
신부님하고도 친구하는 다종교 꽃님이여

독서, 여행, 패션, 요리 등 못하는 것이 없는
팔방미인형 꽃님이여

꽃에 물 주듯이 사랑의 보살행을
실천하는 꽃님이여

나는 그녀를
꽃작가 '박연정'이라 부른다

밥 한 번 하시지요

하, 오랜만입니다
하이얀 건치健齒를 들어내며
안경 속 커진 눈이 귀엽게 웃는다

서로를 이어주는 열한 자리 숫자를
아낌없이 주고 받으며
연락하겠다는 말을 가볍게 남긴다

밥 한 번이 세 번이 되고
시간의 사연이 쌓인다

- 밥 한 번 하시지요
지나가는 허공에게
간절한 바램을 전한다

행운이었습니다

어느날
당신을 만난 것은
행운이었습니다

슬픔이 진득한 날
웃음을 안고 오신 당신은
선물이었습니다

풍경소리 청아한 산사의 맑은 날
폭포소리 웅장한 계곡의 시원한 날
천년의 시간을 품은 은행나무의 향기 맑은 날
이 모든 날들이 설레는 윤슬이었습니다

기억을 다시 세우기까지
이 엄청난 행운을
꼭 잡고 가겠습니다

행복이란

오래된 책 속에 끼어있는 엽서 한 장
몇 해 전 친구한테 받은 누렇게 바랜 엽서

새삼스럽게 가슴에 와닿은 한 구절
인생이란 편안한 의자에 앉아서
커피 한 잔 마시는 게 전부일지 모르는데…

'그립다'라는 단어가 떠오르고
울컥하는 심정에 이슬방울 또르르 흐르고
만나고 싶다 만나야겠다 마음먹은 순간
따뜻한 온기가 퍼지고

인생이란 뭐 있나
마음 맞는 사람끼리 차 한 잔하며
서로의 향기를 느끼는 것이
삶이고 행복인 것을

다를 수 있다는 것

한솥밥을 먹고 한집에 사는 세 사람
바람이 불 때는 끈 달린 모자를 쓰는데
한 사람은 끈을 귀 앞으로 하고
한 사람은 끈을 귀 뒤로 하고
한 사람은 한쪽은 앞으로 한쪽은 귀 뒤로 한다
그 작은 일도 셋이 다 다르다
큰일에는 얼마나 많은 다름이 있을까

그렇구나, 그럴 수 있구나
다를 수 있다는 걸 편히 받아들이니
환한 미소 속에 또 다른 세상이 보인다

창窓 안에서

너를 향한 흠모, 창 안에서 그윽히 바라보다
안개 속으로 모습이 사라지면 몽환이 밀려온다
첫눈에 반한 짝사랑인가

창 너머 웅장한 너의 자태는 숨을 멈추게 했지
머릿속에 찍힌 모습은 깊이 기억되고
어디서고 끌어당기는 힘이 있어 눈이 번쩍 뜨이고
그런 여러 모습을 간직하며
태양이 뜨기 전 여명으로 시작하는
너의 하루는 모두를 설레게 하지

부레옥잠을 창 앞에 놓고 너를 보게 한다
보라 수국과 관음죽도 너를 볼 수 있게 하고
책을 보다가도 창 너머 눈인사를 하고
너의 뾰족한 바위 봉우리 하나하나를 음미하며
손가락으로 그리고 마음에 담는다

언제부터 우린 알게 됐을까
성산일출봉!

회색지대

산속에 살고자 했다
아니, 자연인으로 살고 싶었다

산 중턱에 조그만 나무집, 구름·해·별과 얘기하고
산새들에게 모이 주고 멧돼지하고 놀고
하루살이도 끼워주고
산더덕·구기자도 캐고, 상추·감자도 심고
꿈은 언제나 화선지가 꽉 차게 넣는다

그러나 모기한테 한 번 물리면 며칠 고통이 따르고
불빛이 없는 곳은 무서워 공포가 따르고
너무 조용하면 안절부절 적응이 안 된다

삶이란 급경사와 완만한 경사의 조화일까

관계를 한 번에 끊기 보다는
뜨겁게 달아오른 물이 서서히 식듯
양쪽 지대를 기웃거리다 어느 한쪽으로 기울겠지
언젠가는…

노란무궁화

바람이 살갗을 세차게 스칠 때
밀물과 썰물이 지나는 축축한 소금기 묻은 땅에
뿌리를 내리고 줄기를 여러 갈래로 뻗으며
땅보다는 물이 더 좋다는
그런 너한테 어떤 꽃이 나올까
모락모락 호기심이 일었지
내 몸에서 시가 여물어 가듯이

날은 더워지고 햇살이 따갑게 비치더니
노르스름하게 봉오리가 익어가다
어느날 새각시처럼 수줍게 웃으며
노란 보물주머니 벌어지는데
치자로 물든 얇은 비단옷 입고 무희 다섯이
팔을 잡고 춤추는 듯 시선을 끌어당긴다
내 시도 너처럼 한순간에 마음을 끌 수 있다면

날궂이 하는 날

비가 우렁차게 차창을 때린다
바쁜 윈도우 브러쉬 사이로
일 년에 한 번 정도 소식을 전하는 후배의
쉿소리가 나는 굵직한 음성이 바로 옆에 있는 듯 크게
울린다

시인이 되었다는 나에 대해서 검색을 했단다
그도 글을 쓰고 그의 딸도 글을 쓴다
술 마셨냐고 물었더니 맨 정신이라고
전에는 술을 마시지 않으면 아침부터 손을 떨었는데
혼자서 흥분해서 쉼없이 말을 쏟아낸다
옆사람한테 폐가 될까 신경이 쓰였지만
끊을 수도 없고 팔은 아프고

"나 내려야 되는데"
"다음에 연락할께요" 황급히 끊는다
후배는 아직 살아있다

이별 준비

매화가 봄바람에 수줍어하는 날
연보라 수국잎이 그려진 손수건을 그녀에게 줬다
올 안에 먼 여행을 갈지도 모른다

햇볕이 등을 데우는 따스한 뜨락에
아이들까지 모이니 대식구
그녀의 뼈만 만져지는 팔을 주무르다가
속울음을 삼키며 애들 웃음소리를 듣고
엄마 같은 그녀를 중심으로 가족사진을 찍고
도란도란 얘기하고 무심한 듯 그녀를 살피고

앞으로 몇 번이나 밥을 같이 먹을 수 있을까
몇 번이나 잠을 같이 자는 여행을 갈 수 있을까

언젠가는 누구나 가는 길이지만
외롭지 않게 따뜻하게 보내주고 싶다
뭘 어떻게 해야 하는지 봄바람은 알까

배웅

– 故 오탁번 시인 49제 즈음해서

이제, 가실 시간
찬찬히 둘러보시고, 눈에 담아 가세요

손때 묻은 어머니상, 삐죽비죽 올라오는 잔디
원서문학관 이름돌, 할비 느티나무
모두에게 손 흔들어 주세요

해질녘 백두산 그리메가 드넓은 천지에 깃 내리면
하양 물매화, 노랑 애기금매화 피었나 찾아 보시고
본향本鄕 가셔서 정원에 연못 만들어
우리말 예쁜 이름 지어주세요

어릴 적 친구 찾아 수학여행 가보시고
시 쓰실 때 사전 찾으실 거지요, 헛똑똑이니깐
저도 사전 옆에 두고 시 쓸 거예요
그리고 생각나는 거 있으시면 문자주세요
꿈에서…

태자마마에게

– 친구 김태자를 그리워하며

친구야, 너를 생각하면 하이얀 박꽃이 생각난다
마당에 연못을 만들고 원두막 위에는 조롱박이 열렸지
그 앞에 함박웃음을 띄며 꽃바구니를 들고 나타난 너

아이들을 좋아하고, 조그마한 입을 요리조리 벌리면서
재미나게 이야기를 잘 풀어냈지
하모니카도 잘 불었어 나중에는 알프스의 하이디 옷을 입고
요들송을 부르고 공연한다고 자랑도 했지

우린 뭐가 바쁜지 연락도 못하고
어쩌다 한 번 만나서 밥 먹고 차 마시고 헤어졌지

작년인가 신촌 어느 카페에서 만났을 때 모자를 쓰고 있었지
너답지 않고 어딘가 이상하다 생각했는데

친구야, 네가 말했지
“나, 암 걸렸어”
너의 슬픈 눈을 바로 볼 수 없었어
손만 만지작거리고 더 이상 말도 못 하고

그리고 시간은 그냥 지나가고 잊어버렸지
얼마 후 너하고 가까운 사람이 전화를 했지
눈앞에 검은 그림자가 지나가더라
너의 고향인 강화도에 갈 때마다
너의 모습이 떠오르고, 전화해야지 하고는 그때 뿐
망각의 강을 지나고

너를 한 번 꼭 안아주지도 못하고 보내서 마음이 아프다
너의 푸념을 들어줬어야 했는데
하나뿐인 딸, 남편, 시어머니 이야기를
친구야, 모든 것 다 흘려보내고 편히 쉬어
넌, 잘 살았어

3부

나는 보았다

정점頂點

내부에서 꿈틀거리는 욕망 덩어리가 조금씩 커지면 발이 움직인다

가보지 않은 곳, 새로 만들어진 곳, 하늘이 가까운 곳
나무가 많은 곳, 오래된 설화가 깃든 곳
보랏빛 품은 검은 까마귀들이 손짓하는 곳으로 움직인다

흘러내리는 흙을 밟으며 숨을 헐떡이며 산을 올라
낭떠러지 위에 오랜 세월 버틴 산성의 숨결을 느끼고

하얗게 눈이 온 날, 침묵으로 후손을 맞이하는 왕릉
안내문을 보다가 발이 시려옴에 실소가 나오고

나무 계단 지나 잔도棧道를 걸으며 바람에 밀려도
하늘과 가까워졌다는 희열에 소리치는 까마귀 한 번 쳐다보고
미끄러운 산길을 조심조심 내려오며

어디쯤 가고 있는지 언뺨을 스치는 바람에게 물어본다

폭포, 그 옆의 봄

겹겹의 빙벽 속 틈새로 솟구치는 여린 심장 소리

나무에 쌓인 눈꽃을 햇살 아래 춤추게 하는 바람 소리

돌탑과 솟대 위 눈 이불의 새근거리는 숨결 소리

아홉 굽이 얼음장 밑을 돌아 낮은 곳으로 흐르는 청량한 물소리

계곡 앞 가게를 포근하게 감싸도는 어묵탕 김 오르는 소리

봄에 빠지다

가녀린 풀 뽑다 뽑다 지치면
햇살로 데워진 널판지에 대자로 누워서
파란 하늘을 날아가는 흰구름을 보거나
연초록빛 물푸레나뭇잎이 바람 따라 살랑살랑 춤추는 걸 보거나

눈부신 햇빛에 살포시 눈을 감으면
깊은 바닷속을 헤엄쳐 다니는 자유로운 물고기 되거나
바다거북과 산호초 속을 유유히 다니거나

숨 한 번 들이마시면
백회百會로 들어온 공기 방울이 몸 속을 헤메다
단전에 이르러 내쉬는 숨이
풍덩 봄 속으로 빠지거나

나는 보았다

나는 보았다
울란바토르 국제공항 버스 기사의
시골 아저씨 같은 푸근한 미소를

나는 보았다
몽골 초원 게르 안에서 처음 보는 이방인을
온화한 미소로 맞이하는 노부인을

나는 보았다
부탄 산촌에 사는 아주머니가
따뜻한 차를 내놓는 부드러운 속마음을

나는 보았다
앙코르와트의 큰 바위 속에서
함박 미소를 머금은 부처님을

나는 보았다
루앙프라방 수도승의 탁발 행렬과
아침거리를 공양하는 사람들의 공손함을

시루봉 가는 길 1

문경 농암 너른 들
하늘을 우러러 구름이 걸리는 곳
시루봉

그곳이 가고 싶어
그곳만 가면 뭔가 잘 될 것 같은 예감에
설레는 마음으로 찾아간다

사랑에 푹 빠진 진달래
두 팔 벌려 안아 달라는 소나무
잠시 쉬라고 자리 권하는 참나무 등걸
가슴 뛰게 하는 반가운 친구들

평평한 헬기장을 지나
여인의 엉덩이 같은 바위를 타고 오르니
발 밑에서 산들이 인사를 하고
멀리 속리산 봉우리들도 시야에 들어오고
장방형의 표지석이 당당하게 정상임을 알린다

고맙소
드디어 만났구료
사방천지 산들이 눈빛을 보내주는 곳
하늘이 되고 땅이 되고 나무가 되는 곳

시루봉 가는 길 2

잿빛 안개가 시루봉 정상을 둘러싼 날
하늘은 음습해 보이지만
오직 그곳을 오르겠다는 마음 하나로 길을 나섰다

선선한 바람을 품에 안고
초록이 엉겨 붙은 나무 숲을 헤치며
새로운 길을 만들어 발자국을 꾹꾹 남기고

뻐꾹뻐꾹 삐삐삐삐
울려 퍼지는 뻐꾸기의 음성 공양에
삐질삐질 나오는 땀을 식히며 간다

뚝 뚝 뚝 모질게 떨어지는 비
세차게 불어대는 바람
정상을 향한 마음은 경건해진다

아직 때가 안 됐구나
내려놓고 더 내려놓고
더 내려놓고

시루봉 가는 길 3

터널을 지나
문경에 가면

먼저 시루봉을 향해
눈빛으로 안부를 물으며
흐뭇한 미소를 띄운다

숲속에 들어가
소나무 잔가지를 쳐내고
칡덩굴을 걷어내며
구름하고 노니는 시루봉을 바라본다

큰 돌은 하늘을 향한 돌탑을 쌓고
작은 돌은 땅을 위한 돌무더기를 만들며
그 사이로 멀리 보이긴 하지만 갈 수 없는
여인 같은 시루봉을 가슴에 품는다

가시오가피

가늘고 긴 가시 갑옷을 입고
눈 감을 때까지 힘들게 살지만
마음 만은 물같이 순하다

생기가 돋는 봄이 되면 여린 새순을 틔워
날이 더워지면 자줏빛 머금은 우산형 황색 꽃이 되고
가을바람이 불면 검게 익은 포도송이 같은 열매가 되었다
추워지면 가지와 뿌리를 몸보신하라 바친다

손가락 모양의 다섯 잎으로
무심한 사람들을 한없이 껴안는
너의 사랑이 맵다

모과나무 이야기

우리집은 골목 한 귀퉁이에 있고, 나는 키가 커서 담밖에서도 잘 보인다 봄이 되면 표피가 하나하나 벗겨지고 얼룩얼룩 여러가지 색으로 그림을 그린 듯 추상화로 시선을 끌고, 연홍색 꽃이 수줍게 피면 지나가던 사람들이 발걸음을 멈추고 말없이 나를 올려다본다 날이 서늘해지고 찬바람이 불면 내 열매는 노랗게 익고 울퉁불퉁 하지만 반들반들 해지며 은은한 향을 퍼트려서 또 한번 시선을 잡아 끈다 멀리 산사에 사는 어르신도 괜찮겠지 그분은 오랜 세월 견디느라 옹이가 지고 돌기가 나와 동물, 부처, 나한 모양으로 굳어지고 경건해져서 모두 우러러보고 또 다른 어린 친구는 목대가 매끈하게 뻗어 올라가다 옆 친구와 사랑에 빠져서 한 몸으로 살아간다 우리 다음에는 서로의 숨결을 느끼며 한 곳에서 살았으면

물바라기

여름비 내리다 그치면 먹이를 찾는 새처럼
물이 있는 곳으로 몸이 간다
바람을 타고 흐르는 물향기를 맡으며 폭포나 강줄기로
한 마리 백로가 되어 날아간다

스스럼없이 자궁 속 같은 물속으로 발을 쑥 밀어넣고
서서히 퍼져오는 냉기를 마신다
투명한 물에 손을 넣어 둥글납작한 돌을 찾아
통통 튀는 물수제비를 떠보고
쉴 새 없이 재잘재잘 얘기하듯
흘러가는 물을 멍하니 바라보다
두 다리 벌려 머리를 집어넣고
물이 하늘로 흐르는 것을 보기도 한다

백로는 먹이를 찾고
씻겨진 몸이
한 편의 시를 건져 올린다

뜬다리

물과 한 몸 되어서 숨을 쉰다
물의 고운 숨소리 들으며 잠을 잔다

많은 사람들은 나와 함께 떠 있기를 원한다
나를 통해서 물을 만나고 만질 수도 있기 때문이다

내 위를 오가는 사람들
하늘을 보고 버들강아지를 보고 물 속도 본다

나는 짧은 생을 살기도 하고
오래오래 천년을 살기도 한다

내 이름은
뜬다리
농다리
배다리

물만 하염없이 바라보고 사는 물바라기

숨

들이마시고 내쉰다
집만 덩그러니 남아있고 숨이 끊긴 곳

나무와 꽃과 돌이 숨을 쉰다
팔랑팔랑 흰나비, 노랑나비 활력이 넘치고
따뜻한 입김, 하얗게 피어오르는 기운
따스한 미소
사람이 그립다
사람의 그림자를 밟고 걷고 싶다
함께 사는 모습이 그립다

다들 어디 갔을까?
이곳에 살던 사람들은
눈에는 잘 안 보이지만 숨소리는 귀하다

공생共生

새만금 간척지에 먼저 살던 주인은
겨울 철새인 검은머리갈매기
어느날 평화롭던 갯벌과 바다가 사라지자
서식지도 사라지고 그들도 사라졌다

그러나 지금은
남동 유수지 너른 갈대밭에
주걱 모양 부리를 가진 저어새와 노랑부리백로,
고니 등
옹기종기 모여 한가롭게 쉬고 둥지를 튼다

지나온 시간은 위대했고
살아있는 것은 모두 고귀하고 소중하다

참성단塹星壇

이제는 섬도 아닌 강화군 화도면 기암괴석이 가파르게 치솟아 하늘길 이어주는 마니산. 그 정상에 납작한 돌을 반듯하게 쌓고 쌓아서 땅과 하늘을, 하늘과 땅을 이어주는 참성단이 자리잡아 한반도의 성스러운 배꼽 기운을 뿜어주며 하늘과 인간을 이어주고 있다. 태백산의 신단수처럼 오랜 세월을 버텨온 소사나무가 참성단의 기운을 이어주는 버팀목이 되었다. 하늘 높이 둥그런 햇무리 햇살이 세차게 뿌려지자 검은 까마귀 힘차게 날아 오르며 소리 지르고, 마파람이 신년의 신선한 기운을 인간에게 이어주는데 참성단은 흐뭇한 미소로 멀리 바다만 바라본다.

꽃지, 그리움

해당화가 지천으로 피어서
꽃지라는 예쁜 이름을 얻은 바닷가
이곳에 바닷물이 밀려 들어오면 섬이 되어 묵묵히
서로를 바라보는 바위가 있다
물이 서서히 빠지면
바닥을 들어내고 흙과 돌과 조개와 사람들은
그 둘을 이어준다

천년을 넘어 이어 온 이들의 애달픈 사랑은
많은 사람들의 마음을 끌어오고
신라시대 미도와 승언의 애절한 전설은
할미바위와 할아비바위의 끝없는 사랑으로
언제나 같은 거리를 유지하며 이어간다
불타는 노을의 사랑 세례를 받으며 오늘도 이어간다

흘러가는 시간

마른 나뭇가지 앙상한 팔을 올리며 애타게 하늘을 쳐다보니
지나가는 바람이 괜찮다고 괜찮다고 어루만지고
은빛 물결 가만가만 설레는 맘으로
온몸을 감싸는 뜨거운 시선을 느끼는 오후

해는 점점 달아오르고
파도는 철썩철썩 바위를 때리고
붉어진 바위 속으로 깊게 주름이 되고
난간 위 갈매기 망부석 되어 긴 그림자 날린다

일 다했다는 해
수줍어 발그레진 얼굴로
바닷속으로 쏙 숨어버리고
서서히 어둠이 펼쳐진다

가슴에 남겨진 풍경
연緣은 깊어만 간다

물치항

동그란 송이 모양 빨강 등대, 하양 등대 다솜스럽고
닻에 묶인 배 위에 태극기 바람에 몸을 맡기며
먹이 찾는 갈매기 물에서 망중한 즐기는데
비릿한 바다 내음에 요동치는 빈속을
얼큰한 광어매운탕으로 잠재우는

거칠어진 해풍에 흰 포말을 허공에 뿌리며
방파제로 뛰어오른 파도를
말없이 안아주고 다독이며
물치는 살아있는 항구다
설악을 향해 온 힘을 끌어내 외치는 물치항

* 물치항 : 강원도 양양군 강현면 설악산 입구에 있다.

무의도

바다 위에 떠 있는 육지
걸어서 갈 수 있는
섬 아닌 섬

그곳에 흰제비갈매기 먹이 찾아
허공을 비상하고
인자한 노인의 주름 같은
썰물에 드러난 갯벌의 물결무늬

이글거리던 태양이 수평선을 향해서
구름을 붉게 물들여갈 때
주변을 아름답게 마무리하는
섬 아닌 섬

오동도에서

섬이지만
어느 날 육지가 되었고
오동나무가 많았지만
지금은 동백나무가 자리잡은 곳

두 손 넓게 벌려
하늘을 촘촘히 수놓고
땅속을 헤집고 불쑥불쑥
땅 위로 뻗치는 거목의 기운

기도로 시작해서
깊은 시상詩想을 거쳐
시를 쓰고 나누고 펼치며
기도로 마무리하는 원로 시인

동백숲에서
동백차를 음미하며
거목과 원로 시인을 우러러보니
때맞춰 동박새가 찬탄의 노래 부르네

가자, 사하라로

중학교 때 중간고사가 끝나면 단체로 영화를 봤어
시험은 싫지만 상상력을 키우는 영화에 대한 호기심이
컸었지

'피터오틀'이 나오는 '아라비아의 로렌스'를 보며
주인공의 청회색 눈동자와 모래색의 대비는 가슴에 남아
가야겠다, 베두인족이 사는 모래폭풍의 사막으로

그때부터 물을 조금씩 마시기 시작한 것이 습관이 됐지만
나를 잊어버리고 사막의 꿈도 잊어버렸지

얼마 전
티브이에서 사람들이 사하라로 간 것을 보았어
터번으로 얼굴을 감싸고 모래바람을 막으면서
눈이 선한 낙타가 긴 다리를 접자 등에 올라타고
한밤중 하늘에 떠 있는 보석같은 별을 보며
이곳이 아름다운 지구라고
큰 호흡으로 소리치며 같이 사막이 되는

그날 밤
꿈속에서 수영모자로 만든 터번을 쓰고
모래폭풍 휘몰아치는 사막으로 갔어
쏟아지는 푸른 별을 담으러 사막으로 갔어
가쁜 숨을 쉬고 있는 내 호기심을 만났어
내 상상도 쏟아지는 푸른 별 사이에 숨어 있었어

4부 사람을 찾습니다

의자

도심 속 길상사 진영각 뜰 안
툇마루 옆 귀퉁이에 자리 잡고
묵묵히 묵언수행하는 의자 하나 있다

사람들이 조용히 들어와서
목례를 하고 진열되어 있는
책, 유언장, 유품들을 둘러보고는
뜰로 나가서 방명록에 글을 남기고
사진도 찍으며
그분의 무소유를 실감하는 걸 본다

뜨락의 시원한 바람이 한 차례 지나가면
금꿩의다리가 하늘하늘 노란 꽃술을 비비는
이곳은
의자와 함께 정적에 쌓인다

천 번 고개를 넘으며

앞사람의 등을 보고 무심히 절을 한다
한 번, 두 번, 오십 번, 백 번
앞사람의 허리가 보이며 느려지기 시작한다
온몸에서 앞을 다투며 땀이 나온다
백회를 곧게 세우시고, 발바닥 용천으로 기운을 내리시고

이백 번을 넘어가자 잡념이 들어온다
삼백 번을 넘어가자 눈을 감아 버렸다
홀로서기다
앞사람 보지 말고 나한테 맞추자
육백 번, 땀이 눈과 입속으로 들어가 짭짤하다
수건 안 챙긴 걸 후회하고

팔백 번, 배가 고프고 아무 생각이 없다
구백 번, 절로 절로 일어났다 앉았다
천 번, 나는 없고 명료해진 또 다른 내가 웃고 있다

그 미소

1.

몸집은 용이요 머리는 봉황을 닮은 용봉산 자락
바위 속에서 우뚝 솟은 천 년 전 부처님
한결같이 중생세계를 내려다보시며
왼손 들어 어서 오라는 부처께 예 올리니
나는 부처를 얻었고
부처님은 나를 받으셨다

2.

천 년 동안
얼굴 파이고 코도 조금 떨어져 나간 부처님
긴 옷 주름이 지워지고 온몸 여기저기 상처가 많아도
그 상처들이 부처님을 편안히 보듬고 있음을 보며
지금 내 안에 감춰져 있던 그 많은 상처들이
마치 다 아문 것처럼
고맙게 살아왔음을 비로소 깨닫는다

풀 공양供養

은하수 닮은 흰구름이
연한 쪽빛 하늘을 떠다닌다

한적한 산사
오방색 화려한 일주문을 지나면
여기는 언덕 너머 또 다른 세상
찬란한 햇살
그 빛을 받아 더 붉은 홍단풍
옷 속을 파고드는 상쾌한 바람
바위를 희롱하며 흐르는 물소리

천천히 걸어 절 마당으로 들어서니
어슬렁 누렁이의 한낮이 한가롭고
웃자란 잡풀들이
연화대 미륵불 주위를 돌며
불공을 드리고 있다

매미 소리 눈부신 깊은 적막

부처님,
다음에 풀 공양 올리고자
호미랑 같이 오겠습니다

사람을 찾습니다

비가 오면 살아나서 천둥소리 내며 떨어지는
엉또폭포 얘기도
태풍이 불어와 성이 잔뜩 난 파도가
하얀 거품을 내뿜으며 달려오는 풍경도
남회색 구름이 바람에 밀려서 영화 장면 지나가듯 떠나면
파랑 구름이 새롭게 등장하는 모습도

문 앞에 집을 지은 거미줄에
얼굴이 걸려서 문지른 찝찝함도
꿈속에서 발이 여러 개 있는 지네 새끼가
목에 따끔한 침을 놓는 것도

하나하나 차분하게 얘기 들어주실 분을 찾습니다
'그랬구나' '잘했네' 추임새 넣으면서 들어주실 분
얼굴에는 웃음꽃 피고 가슴은 따뜻한 분을 찾습니다
내 마음 속 붉은 꿈이 식어가기 전에

용문사에 오니

졸졸 흘러넘치는 계곡의 청아한 물소리

하늘을 우러르는 아름드리 소나무
수문장 되어 용문산 절집를 지켜주고

비쩍 마른 십여 그루 나무
집채만 한 바위를 머리에 이고 사는데
그 옆에 걸린 '항상 옳은 말을 배워 익히라'는 법구경 글귀

아직도 정정하게 사방으로 뿌리를 뻗친 천 년이 넘은 은행나무
대웅전 옆 그늘진 담벼락에 기괴한 형상으로 울고 있는 달마
겉모습은 소용없고 속이 더 중요하다는
그를 만나려고
이곳에 왔구나

* 용문사(龍門寺) : 경기 양평군 용문면 용문산에 있는 사찰로 보물과 천연기념물이 있다.

겨울 산사에 가면

하루하루 살다가 심하게 갈증을 느끼면
고목이 부처처럼 사는 곳으로 간다

날이 춥고 눈이 와도 청정하게 버티는 소나무
땅으로 돌아간 솔방울에 마음을 두고 오르면

몇 백 년을 한결같이 든든하게 자리를 지키는 느티나무
잘 왔다고 어서 오라고 편하게 안기라 한다

똑 똑 떨어지는 약수 한 바가지 몸속에 넣어
번쩍 정신을 차리고

대웅전 한가운데서 미소만 보이는 부처께
나를 내려놓는다

지나가는 바람에 청아한 풍경소리로
귀를 깨끗이 씻어내고

햇볕이 따뜻한 공양간 앞에 얼룩 고양이
밥그릇 가지고 달그락달그락 정적을 깨고

잠이 든 듯 기척 없는 산사
이곳에 나를 놓아둔 채 발길을 돌린다

만개滿開한 날

1.
절 가까운 숲속, 백 년 넘은 소나무 주변을
머리에 모자를 반듯하게 올려놓은 채
땀을 흘리며 비질을 하는 스님
"오늘이 무슨 날이요?"
"좋은 날이죠"
"만개한 날이구먼, 이렇게 손님이 많으니"
스님은 무심하게 다시 비질을 하고
지팡이 혼자 소나무에 기대어 있다

2.
대웅전 앞 꽃밭 속 넓적한 돌 위에
합장하신 관세음보살을 빙 둘러싸고 동자승들 하하호호
키 큰 연분홍 철쭉이 빙그레 웃으며 햇살을 가려주고
진분홍 품은 연두빛 단아한 청벚꽃
예쁨을 은근히 뽐내는데
뒷방 신세가 된 부처는 세월 흘러 금옷이 벗겨져도
사람들은 벚꽃만 쳐다보고, 눈 앞에 좋은 것에만 빠지니
중생이 가여운 부처의 선한 눈빛이
마음을 여는 절방에 환하다

풍경 1

몸이 움츠러드는 봄날
우연히 들른 한적한 비구니 사찰
털모자와 털목도리 두른 아기부처가
화단에 꽃이 꽂혀있듯
듬성듬성 앉아서 반가이 맞아준다

노란물에 흠뻑 젖은 산수유
진분홍 꽃잔디 옆
연못가에 별꽃 닮은 돌단풍 반짝이고
벚꽃잎 맞아들인 연잎 환하게 웃는다

과자와 사탕이 든 봉지를 건네주는
젊은 보살에게
내 몸은 관세음보살을 맞는다

풍경 2

햇살 포근한 해님이 봄을 안고
노란 줄무늬 고양이 거니는 산사에 오셨다

느티나무 우듬지에 몸단장한 까치 하나
검푸른 긴 꼬리 허공에 흔들며
신이나서 깍 ~~~

새로 단청입은 대웅전 안의 철부처님
알 듯 모를 듯 천상의 미소

봄이 반쯤 발 담근 연못 속
구멍 숭숭 고개숙인 연밥
살레살레 장단 맞추네

입춘에서 입춘까지

어느 순간 같은 행동이 매번 반복되는 것을 보며
높이 쌓인 블록을 한 번에 깨고 싶은
이탈의 욕구가 스멀스멀 가슴까지 피워 올라
입춘 때, 추억이 쌓인 집을 떠나 섬으로 갔다

낯선 곳, 낯선 사람
신선한 풍경, 정해진 것이 없는 생활
입춘에 시작해서 대서까지
섬의 동쪽에서 일출봉을 보며 반년을 살았다

하늘, 구름과 바람
해가 잘 뜰지 흐리지는 않는지 여명은 좋을까
한라산이 보이나, 어머 구름모자 쓰셨네
중턱을 하양 구름이 휘감아 여인의 긴 머리 부분이
잘 보이네

시간이 갈수록 뭍에 있는 집의 그림자가 흐려지고
전에 하던 일들이 가물가물해지며
섬의 색깔에 물들어가다, 속살을 더듬더듬거리다
다음 입춘까지는 한라산과 그 주변을 마냥 찾아
헤멜 것이다

오일장 나들이

제주살이 닷새째 되는 날
몇 번 가게를 다녀와도 기다려지던 장날
뭔가 새로운 게 있을 거라는 설렘으로 찾아갔다

하나, 초록빛 모시송편 먹음직스러워 사고
둘, 군복 무늬 윗도리, 아랫도리 따뜻하겠네, 덥석
셋, 자색 고구마, 강냉이에 손이 가고
넷, 인기 있는 시금치, 도라지, 쪽파도 사고

대망의 다섯째는 마음을 끌어당긴 은갈치
새파란 바닷물에 윤슬 같은 주위를 압도하는 빛남에
- 아, 내 시도 저렇게 한 번에 마음 끌 수 있다면!
제주 앞바다 은빛 파도가 내 안에 출렁거렸다

혼인지婚姻池

그날은 하늘의 축복으로 찬란한 햇살이 비치고
꽃들은 화려하게 차려입고 손님으로 왔겠지
이 오래된 나무들은 그날의 얘기를 들었을 거야

수면이 잔잔한 연못에는 해가 잠겨있고
밤에는 달과 별도 찾아오겠지
신방을 차린 나뭇잎으로 덮힌 굴은 지금보다 더 크고
못 속에 풍성한 개구리알처럼 성스런 다산의 기운이
감돌았겠지

탐라국 삼신인三神人이 세 공주를 맞이하듯
이곳에 오는 분들은 다 이승의 인연을 찾아
붉은 동백처럼 진정한 사랑 이루기를
신성한 설문대할망이시여! 이들을 축원하소서

※혼인지 : 제주 성산읍 온평리 혼인 신화가 전해오는 연못

동백의 뜰에서

바람이 심심한지 한 차례씩 소리 내어 울면
나무들은 몸으로 답례를 하고

눈이 차례가 됐다고 눈꽃을 허공에 날리면
애기동백 노란 꽃술 빈 의자에 사뿐히 내려앉고
흙 위를 소리 없이 걷는 검은머리박새 눈꽃을 쪼아대자
샘이 났는지 하늘이 밝아지며 따스한 햇살을 뿌린다
돌확에 담긴 흰동백, 분홍동백 부끄러운지
물속 하늘로 숨어버리고

애기동백 내려앉은 차디찬 빈 의자 두 개
당신만을 사랑하는 붉은 동백의 뜰로
손 꼭 잡고 같이 오라고 속삭인다
늦게 와도 괜찮다고
꼭 같이 오란다

무밭을 보며

하늘색이 곱디고운 날, 무밭을 보며 걸었다
숨 쉬는 검은 돌에 둘러싸여
질 좋은 흙 속에서 여물어 가는 하얀 무는
초록색 옷을 입고 연보라 모자를 쓴
노란 얼굴의 쾌활한 친구를 옆에 두고 있었다

바람이 지나가면 서로서로 손을 잡고
몸을 흔들며 반갑다고 인사를 하다가
때가 되면 깨끗하게 옷을 입고
이곳저곳으로 멀리 여행을 떠난다

밭에 남아있는 천덕꾸러기들은
몸이 찢기고 아파도 그 자리를 지키고
서서히 온몸을 흙에 주고 떠난다
나보고도 그렇게 살란다

엉또폭포

물은 갈증 속에서 솟아 나온다

처음 너를 보러 갔을 때
나무들은 우거져 있었지만
계곡은 시들시들 말라 있고
너는 가파른 절벽 위에서 당당하게
물이 없어도 살 수 있다는 걸 보여 주고 있었어

며칠 후 비가 쏟아지는 날
다시 너한테 달려갔지
너는 화가 난 것처럼 쉬지 않고
굉음을 쏟아냈지 한이 많은 것처럼

그렇지만
평소에 물이 없는 너도 괜찮아
그 자체가 너니까
양수 안의 태아처럼

*엉또폭포 : 제주도 서귀포시 강정동 악근천 상류에 있으며 비 오는 날이나 장마 때 폭포가 된다.

올레길

짙은 회색 띠구름이 해를 감춘 날, 물을 향해서 걷고
작은 물, 큰물을 보러 초록 속으로 빨려 들어가고
바위에 새겨진 시들을 하나하나 음미하고
먼나무, 팽나무 사이로 떨어지는 천지연을 마시고
바다 한가운데 웅크린 범 한 마리 눈길 한번 던져주고
연보라 수국향을 맡으며 선녀탕에 빠진 사람들도 쳐
다보고
파도가 밀려와도 홀로 굳건한 선바위에게 미소도 보내고
사브작 사브작 사브작 사브작 바당길도 걷고
깊은 계곡까지 물이 출렁이는 속골도 지나고
붉게 뿔난 선인장밭과 키다리 야자수 군단도 지나고

내수면의 속삭임

이글이글 타오르는 해의 힘을 살살 빼는 시원한 바람 따라 호수처럼 넓디넓은 오조리 내수면을 걷는다 햇빛에 반사된 잔물결이 하늘거리고 다리 밑 모래펄에는 돌처럼 웅크린 채 조개 캐기에 열심인 사람들이 많다 구름이 사라져 서쪽 멀리 어머니의 산, 한라산이 모처럼 자태를 뽐내며 듬직한 일출봉과 눈인사를 하고 내수면의 주인인 식산봉은 푸르름을 펼치며 지나가는 구름에게 꼬까옷을 입으란다 바람은 심술이 났는지 기다란 기차 같은 한도교橋에 힘을 쏟아부어 사람들을 몰아세우고 점차 붉었던 해도 산 너머로 가고 숨어있던 보름달은 신났다고 구름을 헤치고 내수면 위를 비친다 가로등 불빛이 바람 따라 출렁이며 속삭인다, 언제고 이곳으로 오라고 고향의 물 같은 물 보러 오라고, 작은 조각배 하나 고개를 끄덕이고 있다

돌의 섬

밭 한가운데 무덤을
사각으로 둘러싸고 있는 구멍 쑹쑹 까만 돌
언제까지나 지켜주겠다는 굳은 의지를 담고

집을 한 바퀴 뱅~뱅 둘러싸고 있는 시커먼 돌담
바람이 부추겨도 가족을 지키며

섬을 둘러둘러 기다랗게 이어진 돌성
파도 따라 겹겹이 쌓아
적도 막고 비바람도 막으며

이곳에선, 어디를 가나 왕방울 또는 가는 눈에
복코를 가진 돌하르방이 반갑게 맞아 주며
잘 오셨다고, 잘 놀다 가라고
꼭, 또 오란다

추자도

물결은 뭇별 되어 쉼없이 반짝반짝
닻을 내린 배도 덩달아 온몸으로 출렁~
잠시 바람이 잦아지자 오수에 빠진 항구

바다 한가운데 동동 떠서
바람이 성이 나면 농사가 죽이 되는 섬
그래도 물고기, 멸치가 풍부한
결항이 밥 먹듯 하는 걱정덩어리 섬

길이 막혔을 때 머리를 춤추게 하는 섬

집집마다 문앞에 진을 친 큰 적갈색 멸치액통
그 쿰쿰한 냄새가 그리워 또 가고픈

추자도

평설

불자로서의 삶과 생명에 대한 깊은 사색

- 최명숙 시집 『동백의 뜰에서』 -

허 형 만

(시인, 목포대 명예교수)

불자로서의 삶과 생명에 대한 깊은 사색

- 최명숙 시집 『동백의 뜰에서』 -

허형만(시인, 목포대 명예교수)

하늘
해
달
별빛에
푹 젖어
우려낸

맑은 정신 속에 시 한 수 읊을
그 순간을 기다린다

-「성장통」

1.

최명숙 시인은 2019년에 등단하여 4년 만에 첫 시집 『동백의 뜰에서』를 출간한다. 최명숙 시인은 법명이 무량화인 불자로서 자신과 이웃, 자연과 모든 생명체에 대한 무한한 사랑과 자비심으로 자신의 길을 묵묵히 걸으며 오직 부처님과 시 하나에 매달려 살아왔고 지금도 그리 살아가고 있다. 다음 작품이 시인의 생의 길을 잘 암시하고 있다.

선선한 바람과 앞서거니 뒤서거니 물을 보며 걷는다

바람에 온몸 흔드는 갯강아지풀, 보라 순비기꽃을 스치며 걷는다

해 질 녘 구름 속 빛내림의 방향을 좇아 걷는다

홍자색 해당화 노란 꽃술이 바람에 날려도 무심히 걷는다

그리운 얼굴이 떠올라도 바람에 실려 보내고 천천히 걷는다

어둠이 내려도 바람에 휘청거리는 키 큰 야자수 보며 그냥 걷는다

왕귀뚜라미 울음 길동무 삼아 북극성을 찾아 묵묵히 걷는다

-「가을을 걷는다」 전문

시인은 지금 걷는다. "신선한 바람"이 부는 가을 길에서 "물을 보며 걷"고, "갯강아지풀, 보라 순비기꽃을 스치며 걷"고, 석양 "빛내림의 방향을 좇아 걷는다". "천천히", "그냥", "묵묵히" 걷는다. 언뜻 보면 요산요수樂山樂水하며 걷는 것처럼 보인다. 그러나 정작 시인이 걷는 길은 생의 길이다. 한 생을 살아가면서 얼마나 많은 것을 "보며" "스치며" "좇아" 걸어가는가. 그 길을 걸으면서 "무심히" "천천히" "그냥" 걷는 자아의 연속성은 사회적 세계를 구성한다. 그 구성의 궁극적 목표는 가을철 "왕귀뚜라미 울음 길동무 삼아 북극성을 찾아 묵묵히 걷

는” 시인의 이상의 세계를 향해 걷는 데 있다.

이 이상의 세계를 찾아 걷는 시인의 발길은 “가보지 않은 곳, 새로 만들어진 곳, 하늘이 가까운 곳/ 나무가 많은 곳, 오래된 설화가 깃든 곳/ 보랏빛 품은 검은 까마귀들이 손짓하는 곳”(「정점頂點」)으로 움직이고, “그곳에 가고 싶어/ 그곳만 가면 뭔가 잘 될 것 같은 예감에/ 설레는 마음으로”(「시루봉 가는 길 1」) 시루봉을 찾아가고, “완성을 향해 가는 열나흘 달”(「열나흘 달」)처럼 자신의 길을 향해 나아가는가 하면 “하늘색이 곱디고운 날, 무밭을 보며(「무밭을 보며」) 걸으면서 무가 시인에게 자신처럼 모든 걸 흙에 두고 떠나는 삶을 살라는 소리를 듣는다. 한편, 얼마 전 티브이에서 사람들이 사하라로 간 것을 본 날 밤, “꿈속에서 수영 모자로 만든 터번을 쓰고/ 모래폭풍 휘몰아치는 사막으로 갔어/ 쏟아지는 푸른 별을 담으러 사막으로 갔어”(「가자, 사하라로」)라고, 시인이 걷는 길이 한사코 현실적인 상황만이 아니라는 사실, 호기심과 상상이 낳은 길도 걷는다는 사실도 우리에게 알려주고 있다.

처음 그 집에 갔을 때
거실 바닥에는 붓과 유화물감이
책상에는 책과 스케치북이 뒤엉겨 주인의 손을 기다리고
햇살 좋은 창 옆에는 색동저고리 입은 긴 머리 소녀가
캔버스에서 미소 지으며 말을 걸어오고

마음이 따뜻한 주인은 대수롭지 않다는 듯
느릿한 말투로 대화를 끌어가며
어렸을 때의 색동저고리가 창작의 고향이라고 말했다

며칠 후 다시 그 집의 현관문을 여는데
고흐의 활활 타는 해바라기가 마중을 하고
색동 여인이 사라진 캔버스마다
춤추는 해바라기 물결, 재물을 불러온다고
친구들에게 주겠다는 주인의 얼굴은 해바라기가 되고

벌써 현관문을 밀치고 돈이 들어오는 소리가 들리는 듯

–「해바라기가 사는 집」 전문

최명숙 시인은 사람을 좋아한다. 이웃에 대한 사랑과 정다움이 아름답다. 이 시의 주인공은 화가다. 시인이 "처음 그 집에 갔을 때" "마음이 따뜻한 주인"인 화가가 그린 "색동저고리 입은 긴 머리 소녀"의 그림이 퍽 인상적이었는데 "며칠 후 다시" 찾아가니 이젠 "고흐의 활활 타는 해바라기" 그림으로 가득함을 본다. 왜 이리 해바라기 그림이 많은가. 해바라기의 꽃말은 '동경' '숭배' '충성심' '일편단심'으로 알려져 있다. 한편, 화가의 말대로 "재물을 불러온다"는 믿음도 있어 이 해바라기 그림을 "친구들에게 주"기 위해 많이 그리고 있다고 말한다.

이처럼 화가와의 만남에서 보여주는 시인의 훈훈한 마음은

"새장 속에 갇힌 새처럼/ 세상 밖으로 나오기를 두려워"하는 "친구 같고/ 엄마 같은 여자를 윤줌마"(「반달눈을 가진 여자」)라 부르며 위로하고, "새벽에 일어나 남을 위한 기도로/ 하루를 시작하는 (…) 전생 한恨이 남았는지 어려운 사람/ 도와주는 것을 밥 먹듯 하는 (…) 꽃에 물 주듯이 사랑의 보살행을/ 실천하는 (…) 그녀를 꽃작가 '박연정"(「꽃님」)이라 부르며 칭찬하고, 죽음의 길에 마주한 "그녀의 뼈만 만져지는 팔을 주무르다가/ 속울음을 삼키며 애들 웃음소리를 듣고/ 엄마 같은 그녀를 중심으로 가족사진을 찍고 (…) 언젠가는 누구나 가는 길이지만/ 외롭지 않게 따뜻하게 보내주고 싶다"(「이별 준비」)는 자비심이 모두 최명숙 시인의 타고난 본성이다.

본시 타고난 본성은 삶 속에서 깊은 사유로 존재한다. 예컨대 자연휴양림 가는 날, 그동안 아껴두었던 운동화를 몇 년 만에 신고 걸었는데 그만 운동화 밑창이 하나하나 떨어져 나가는 난감한 상황에서 운동화 끈을 풀어 신발을 꽉 묶고 걸으니 걸을 만했다는 시인은 "관심은 사랑이다"(「관심 가지기」)라는 명제를 확립한다. 그리하여 "삶이란 높음이 있으면 낮음이 있다"(「시선」), "삶이란 급경사와 완만한 경사의 조화"(「회색지대」), "인생이란 뭐 있나/ 마음 맞는 사람끼리 차 한 잔하며/ 서로의 향기를 느끼는 것이/ 삶이고 행복"(「행복이란」) 같은 사유들이다. 이러한 사유는 시적 체험의 결과로 "살아가면서

다 좋을 수 있을까/ 어느 거 하나는 양보도 해야 하고 받아들이기도 하며/ 출발선은 같아도 길을 여러 갈래고/ 크기도 다 다를 수 있다”(「아린 손가락」)거나, “사람과 사람 사이도 겉만 보다가/ 어느 날 속을 보고 마음 다칠 때/ 허상과 실상의 경계에서/ 그냥, 멈춰 서고 싶을 때가 있다”(「경계」)는 인식으로 마침내 “한솥밥을 먹고 한집에 사는 세 사람/ 바람이 불 때는 끈 달린 모자를 쓰는데/ 한 사람은 끈을 귀 앞으로 하고/ 한 사람은 끈을 귀 뒤로 하고/ 한 사람은 한쪽은 앞으로 한쪽은 귀 뒤로 한다/ 그 작은 일도 셋이 다 다르다/ 그렇구나, 그럴 수 있구나/ 다를 수 있다는 걸 편히 받아들이”(「다를 수 있다는 것」)는 것까지 이른다. 삶이 그렇다는 거다.

2.

앞사람의 등을 보고 무심히 절을 한다
한 번, 두 번, 오십 번, 백 번
앞사람의 허리가 보이며 느려지기 시작한다
온몸에서 앞을 다투며 땀이 나온다
백회를 곧게 세우시고, 발바닥 용천으로 기운을 내리시고

이백 번을 넘어가자 잡념이 들어온다

삼백 번을 넘어가자 눈을 감아 버렸다
홀로서기다
앞사람 보지 말고 나한테 맞추자
육백 번, 땀이 눈과 입속으로 들어가 짭짤하다
수건 안 챙긴 걸 후회하고

팔백 번, 배가 고프고 아무 생각이 없다
구백 번, 절로 절로 일어났다 앉았다
천 번, 나는 없고 명료해진 또 다른 내가 웃고 있다

-「천 번 고개를 넘으며」 전문

불자인 최명숙 시인의 법명은 무량화이다. 이 시에서 "천 번 고개"는 물론 무량화 최명숙 불자가 부처님 앞에서 천 배를 올리는 걸 의미한다. 맨 처음 절을 할 때는 "앞사람의 등을 보고 무심히 절을" 하다가 백 배 때는 "앞사람의 허리가 보이며 느려지기 시작"한다. 당연히 "온몸에서 앞을 다투며 땀이 나온다." "곧게 세운" 백배 때가 되니 "발바닥 용천으로 기운을" 내린다. "이백 번을 넘어가니 잡념이" 들어오고, "삼백 번을 넘어가자 눈을 감아" 버린다. 시인은 비로소 자신을 본다. 이제부터 앞 사람과 관계없이 "홀로서기"로 자신에게 맞춘다. "팔백 번, 배가 고프고 아무 생각이 없다." "구백 번, 절로 절로 일어났다 앉"는다. 마침내 "천 번, 나는 없고 명료해진 또 다른 내가 웃고 있다". 이 지난한 수행 끝에 "명료해진 또 다른 나", 온

갖 번뇌를 끊어버린 새로워진 자신을 발견한다.

최명숙 시인의 천 배 과정을 마음으로나마 함께 따라 하다 보니 백련암 큰스님이셨던 성철 스님 일화가 떠오른다. 성철 스님은 생전에 자기를 만나려면 누구를 막론하고 3천 배를 해야 된다고 하셨다. 왜 3천 배를 해야 하는지 대중이 궁금해 할 수밖에. 그래서 법정 스님이 성철 스님께 어째서 3천 배를 하라고 하시는지 물었다. 성철 스님이 "3천 배를 하라고 하면 흔히 나를 보기 위해서 3천 배를 해야 한다고 아는 모양인데, 사실은 그렇지가 않습니다."라고 대답하시면서, 한 마디로 "단순히 절만 시키는 것이 아닙니다. 남을 위해서 절을 하라고, 기도를 하라고 합니다. 그렇게 3천 배를 하고 나면 그 사람의 심중에 큰 변화가 옵니다." 최명숙 시인의 천 배도 3천 배까지는 아닐지라도 "나는 없고 명료해진 또 다른 나"를 발견했으니 그 천 배의 과정에서 온갖 생각을 멈추어버리는 쉼의 순간이 있었을 터이다.

1.
몸집은 용이요 머리는 봉황을 닮은 용봉산 자락
바위 속에서 우뚝 솟은 천 년 전 부처님
한결같이 중생세계를 내려다보시며
왼손 들어 어서 오라는 부처께 예 올리니
나는 부처를 얻었고

부처님은 나를 받으셨다

2.
천 년 동안
얼굴 파이고 코도 조금 떨어져 나간 부처님
긴 옷 주름이 지워지고 온몸 여기저기 상처가 많아도
그 상처들이 부처님을 편안히 보듬고 있음을 보며
지금 내 안에 감춰져 있던 그 많은 상처들이
마치 다 아문 것처럼
고맙게 살아왔음을 비로소 깨닫는다

–「그 미소」 전문

최명숙 시인은 불자이기에 틈나는 대로 절집을 찾거나 산자락의 마애불을 만나러 다닌다. 이 시에서도 "용봉산 자락 바위 속에서 우뚝 솟은 천 년 전 부처님"을 만난다. "부처님께 예" 올린 시인은 "부처를 얻었고/ 부처님은 나를 받으셨다"고 흐뭇해 한다. 물론 최명숙 시인이 만난 부처는 "천 년 동안/ 얼굴 파이고 코도 조금 떨어져 나간" 마애불이다. "긴 옷 주름이 지워지고 온몸 여기저기 상처가 많아도/ 그 상처들이 부처님을 편안히 보듬고 있음을" 발견한, 일반인은 무심코 스치거나 미처 발견하지 못할 부처님의 형상에 대한 시인의 시적 안목은 참으로 대단하다. 그러기에 시인은 "지금 내 안에 감춰져 있던 그 많은 상처들이/ 마치 다 아문 것처럼/ 고맙게 살아왔음을 비로소" 깨달을 수 있게 된 것이다.

최명숙 시인이 찾아간 절집은 많다. 서울 길상사에 들러 "진영각 뜰 안/ 툇마루 옆 귀퉁이에 자리 잡고/ 묵묵히 묵언 수행하는 의자 하나"(「의자」) 정적에 쌓여 있음을 보고, 양평군 용문사에서는 "아직도 정정하게 사방으로 뿌리를 뻗친 천 년이 넘은 은행나무/ 대웅전 옆 그늘진 담벼락에 기괴한 형상으로 울고 있는 달마/ 겉모습은 소용없고 속이 더 중요하다는/ 그를 만나"(「용문사에 오니」) 깨우치고, 2011년 영월 창령사 터에서 발굴된 300여 구의 석조 오백나한상이 "바위 위에 앉아서 허공을 향해 기도하고/ 할머니 같은 푸근한 미소를 띠기도 하고/ 달마대사처럼 가사를 뒤집어쓴 채 선정에 들기도 하고/ 깨달음을 얻어 합장하며 기뻐하기도 하는/ 그들과 눈을 맞추며"(「나에게로 가는 길」) 묵언에 든다. 또한 "몸이 움츠러드는 봄날/ 우연히 들른 한적한 비구니 사찰"(「풍경 1」)에서 사탕이 든 봉지를 건네주는 보살이 관세음보살이었음을 깨닫고, "하루하루 살다가 심하게 갈증을 느끼면/ 고목이 부처처럼 사는 곳/ (…) 잠이 든 듯 기척 없는 산사"(「겨울 산사에 가면」)에 가서 나를 놓아두고 오기도 한다.

3.

최명숙 시인이 ’사진 친구‘라 부르는 남편은 유명한 사진가 채종렬 씨다. 최명숙 시인은 남편과 함께 제주도에서 1년 동안 살았다. 남편은 제주도를 카메라에 빛으로 담고, 시인은 제주도를 시로 승화시켰다.

> 어느 순간 같은 행동이 매번 반복되는 것을 보며
> 높이 쌓인 블록을 한 번에 깨고 싶은
> 이탈의 욕구가 스멀스멀 가슴까지 피워 올라
> 입춘 때, 추억이 쌓인 집을 떠나 섬으로 갔다
>
> 낯선 곳, 낯선 사람
> 신선한 풍경, 정해진 것이 없는 생활
> 입춘에 시작해서 대서까지
> 섬의 동쪽에서 일출봉을 보며 반년을 살았다
>
> 하늘, 구름과 바람
> 해가 잘 뜰지 흐리지는 않는지 여명은 좋을까
> 한라산이 보이나, 어머 구름모자 쓰셨네
> 중턱을 하얗 구름이 휘감아 여인의 긴 머리 부분이 잘 보이네
>
> 시간이 갈수록 뭍에 있는 집의 그림자가 흐려지고
> 전에 하던 일들이 가물가물해지며

섬의 색깔에 물들어가다, 속살을 더듬더듬거리다
다음 입춘까지는 한라산과 그 주변을 마냥 찾아 헤맬 것이다

-「입춘에서 입춘까지」 전문

시인이 집을 떠나 제주도로 간 때가 입춘이었다. "이탈의 욕구가 스멀스멀 가슴까지 피워" 올랐기 때문이다. "낯선 곳, 낯선 사람/ 신선한 풍경, 정해진 것이 없는 생활"을 입춘에서부터 대서까지 "섬의 동쪽에서 일출봉을 보며 반년을 살았다." 그리고 또 다음 해 입춘까지 반년을 "한라산과 그 주변을 찾아 헤매"며 살았다. 그렇게 한 해를 "섬의 색깔에 물들어가다, 속살을 더듬더듬거리다" 지내면서 그 일상이 전부 시가 되었다.

제주살이 닷새째 되는 날, 뭔가 새로운 게 있을 거라는 설렘으로 찾아간 오일장에서 마음을 끌어당긴 은갈치를 발견한다. "새파란 바닷물에 윤슬 같은 주위를 압도하는 빛남에/ - 아, 내 시도 저렇게 한 번에 마음 끌 수 있다면!/ 제주 앞바다 은빛 파도가 내 안에서 출렁"(「오일장 나들이」)거림을 느끼고, 성산읍 온평리 혼인 신화가 전해오는 연못에서는 "탐라국 삼신인三神人이 세 공주를 맞이하듯/ 이곳에 오는 분들은 다 이승의 인연을 찾아/ 붉은 동백처럼 진정한 사랑 이루기를/ 신성한 설문대 할망이시여! 이들을 축원"(「혼인지婚姻池」)하기를 빌기도 했다.

물은 갈증 속에서 솟아 나온다

처음 너를 보러 갔을 때
나무들은 우거져 있었지만
계곡은 시들시들 말라 있고
너는 가파른 절벽 위에서 당당하게
물이 없어도 살 수 있다는 걸 보여 주고 있었어

며칠 후 비가 쏟아지는 날
다시 너한테 달려갔지
너는 화가 난 것처럼 쉬지 않고
굉음을 쏟아냈지 한이 많은 것처럼

그렇지만
평소에 물이 없는 너도 괜찮아
그 자체가 너니까
양수 안의 태아처럼

–「엉또폭포」 전문

제주의 명물은 역시 엉또폭포다. 서귀포시 강정동 약근천 상류에 있으며 비 오는 날이나 장마 때 폭포가 되어 장관을 이룬다. "물은 갈증 속에서 솟아 나온다." 왜냐하면 엉또폭포는 비가 오지 않는 평상시에는 폭포가 흐르지 않고 비가 와야만 흘러내리기 때문이다. 시인이 엉또폭포를 처음 보러 갔을 때는 "계곡은 시들시들 말라 있"었음에도 "가파른 절벽 위에서 당당하게/ 물이 없어도 살 수 있다는 걸 보여주고" 있었다. 그리곤 "며칠 후 비가 쏟아지는 날" 다시 달려갔더니 "화가 난 것처럼 쉬지 않고/ 굉음을 쏟아" 냈다. 마치 "한이 맺힌 것처럼". 다른 폭포와는 달리 이러한 엉또폭포에 대해 시인은 평소 물이 없어도 괜찮다고, "양수 안의 태아처럼" 그 자체가 엉또 폭포의 존재임을 인정한다.

최명숙 시인은 제주에 살면서 올레길을 걷기도 했다. "작은 물, 큰물을 보러 초록 속으로 빨려 들어가고/ 바위에 새겨진 시들을 하나하나 음미하고/ 바다 한가운데 웅크린 범 한 마리 눈길 한번 던져주고/ 파도가 밀려와도 홀로 굳건한 선바위에게 미소도 보내고/ 깊은 계곡까지 물이 출렁이는 속골도 지나고/ 붉게 뿔난 선인장밭과 키다리 야자수 군단도 지나"(「올레길」)며 올레길을 걷는가 하면, "이글이글 타오르는 해의 힘을 살살 빼는 시원한 바람 따라 호수처럼 넓디넓은 오조리 내수면을"(「내수면의 속삭임」) 걷기도 했다.

제주도에는 바닷가에서 자라는 노란 무궁화, 황근黃槿이 유명하다. 희귀식물로 분류되며 환경부에서 지정한 보호 야생식물로 멸종위기 야생식물 2급으로 지정되어 있다. 최명숙 시인이 제주살이에서 이 황근을 보았음은 당연하다. "바람이 살갗을 세차게 스칠 때/ 밀물과 썰물이 지나는 촉촉한 소금기 묻은 땅에/ 뿌리를 내리고 줄기를 여러 갈래로 뻗으며/ 땅보다는 물이 더 좋다는/ 그런 너한테 어떤 꽃이 나올까/ 모락모락 호기심이 일었지/ 내 몸에서 시가 여물어 가듯이"(「노란무궁화」). 시인에게 황근黃槿은 제주살이 도중 시인으로서의 자신을 다시금 생각게 하는 매체가 되었다.

또한 거주하고 있는 집의 창 앞에서 성산일출봉을 바라보며 "창 너머 웅장한 너의 자태는 숨을 멈추게 했지/ 머릿속에 찍힌 모습은 깊이 기억되고/ 어디서고 끌어당기는 힘이 있어 눈이 번쩍 뜨이고/ 그런 여러 모습을 간직하며/ 태양이 뜨기 전 여명으로 시작하는/ 너의 하루는 모두를 설레게"(「창窓 안에서」) 한다고 성산일출봉을 찬양한다. 제주살이 하면서 최명숙 시인은 제주에 대해 "이곳에선, 어디를 가나 왕방울 또는 가는 눈에/ 복코를 가진 돌하르방이 반갑게 맞아주며/ 잘 오셨다고, 잘 놀다 가라고/ 꼭 또 오라"(「돌의 섬」)는 따뜻한 인정의 섬으로 마음속에 간직한다.

4.

최명숙 시인의 시정신으로 빠뜨릴 수 없는 것이 생명성이다. 최명숙 시인이 접하는 장소와 풍경은 모두 살아 숨 쉬는 생명성으로 충만하다. 이는 참된 발견으로부터 출발한다. 마르셀 프루스트는 말한다. "참된 발견의 항해는 새로운 풍경을 찾는 것이 아니라, 새로운 눈을 가지는 것이다"라고.

바람이 심심한지 한 차례씩 소리 내어 울면
나무들은 몸으로 답례를 하고

눈이 차례가 됐다고 눈꽃을 허공에 날리면
애기동백 노란 꽃술 빈 의자에 사뿐히 내려앉고
흙 위를 소리 없이 걷는 검은머리박새 눈꽃을 쪼아대자
샘이 났는지 하늘이 밝아지며 따스한 햇살을 뿌린다
돌확에 담긴 흰동백, 분홍동백 부끄러운지
물속 하늘로 숨어버리고

애기동백 내려앉은 차디찬 빈 의자 두 개
당신만을 사랑하는 붉은 동백의 뜰로
손 꼭 잡고 같이 오라고 속삭인다
늦게 와도 괜찮다고
꼭 같이 오란다

-「동백의 뜰에서」 전문

시인은 우주의 소리를 듣는 특별한 귀를 갖고 있다. "바람이 한 차례씩 소리 내어 울면" "나무들은 몸으로 답례"를 한다. 바람과 나무의 소통이다. "눈이 눈꽃을 허공에 날리면" 눈꽃이 "애기동백 노란 꽃술에 사뿐히 내려 앉"는다. 눈꽃과 애기동백

꽃술의 합일이다. 블랑쇼의 말처럼 사물을 환기하는 것이 아니라 사물의 부재를 환기하는, 이러한 시쓰기는 최명숙 시인을 시인답게 하는 힘이다. 이 힘이 "당신만을 사랑하는 붉은 동백의 뜰로/ 손 꼭 잡고 같이 오라"는 속삭임을 듣게 한다.

골목 안 귀퉁이 집, 키 큰 모과나무가 자기보다 더 오래된 모과나무를 보며 "멀리 산사에 사는 어르신도 괜찮겠지. 그분은 오랜 세월 견디느라 옹이 지고 돌기가 나와 동물, 부처, 나한 모양으로 굳어지고 경건해져서 모두 우러러"(「모과나무 이야기」)본다고 독백하는 소리, "겹겹의 빙벽 속 틈새로 솟구치는 여린 심장 소리/ 돌탑과 솟대 위 눈 이불의 새근거리는 숨결 소리/ 아홉 굽이 얼음장 밑을 돌아 낮은 곳으로 흐르는 청량한 물소리"(「폭포, 그 옆의 봄」), "거칠어진 해풍에 흰 포말을 허공에 뿌리며/ 방파제로 뛰어오른 파도를/ 말없이 안아주고 다독이며/ 물치는 살아있는 항구다/ 설악을 향해 온 힘을 끌어내 외치는"(「물치항」) 소리 모두 생명의 소리이다.

최명숙 시인의 이와 같은 존재의 생명성에 대한 사색은 "여름비 내리다 그치면 먹이를 찾는 새처럼/ 물이 있는 곳으로 몸이 간다/ 바람을 타고 흐르는 물향기를 맡으며 폭포나 강줄기로/ 한 마리 백로가 되어 날아"(「물바라기」)가는, 오직 순정하고 때 묻지 않은 무구한 심성 때문이다. 이러한 심성이기에 "흰제비갈매기 먹이 찾아/ 허공을 비상하고/ 인자한 노인의 주름 같은/ 썰물에 드러난 갯벌의 물결무늬"(「무의도」)를 본다. "두 손 넓게 벌려/ 하늘을 촘촘히 수놓고/ 땅속을 헤집고 불쑥불쑥/ 땅 위로 뻗치는 거목의 기운"(「오동도에서」)을 체감한다. 또한 "칠백 세 가까운 세월을 보내며/ 땅에 황토가 많은 산황산, 산황동에 사는/ 무학대사의 품에서 태어난 당산목堂山木 느티나무/ 질곡의 삶을 살아온 노옹의 미소"(「노거수老巨樹」)를 본다. 그리고 마침내 "지나온 시간은 위대했고/ 살아있는 것은 모두 고귀하고 소중하다"(「공생共生」)는 깨달음에 도달한다.

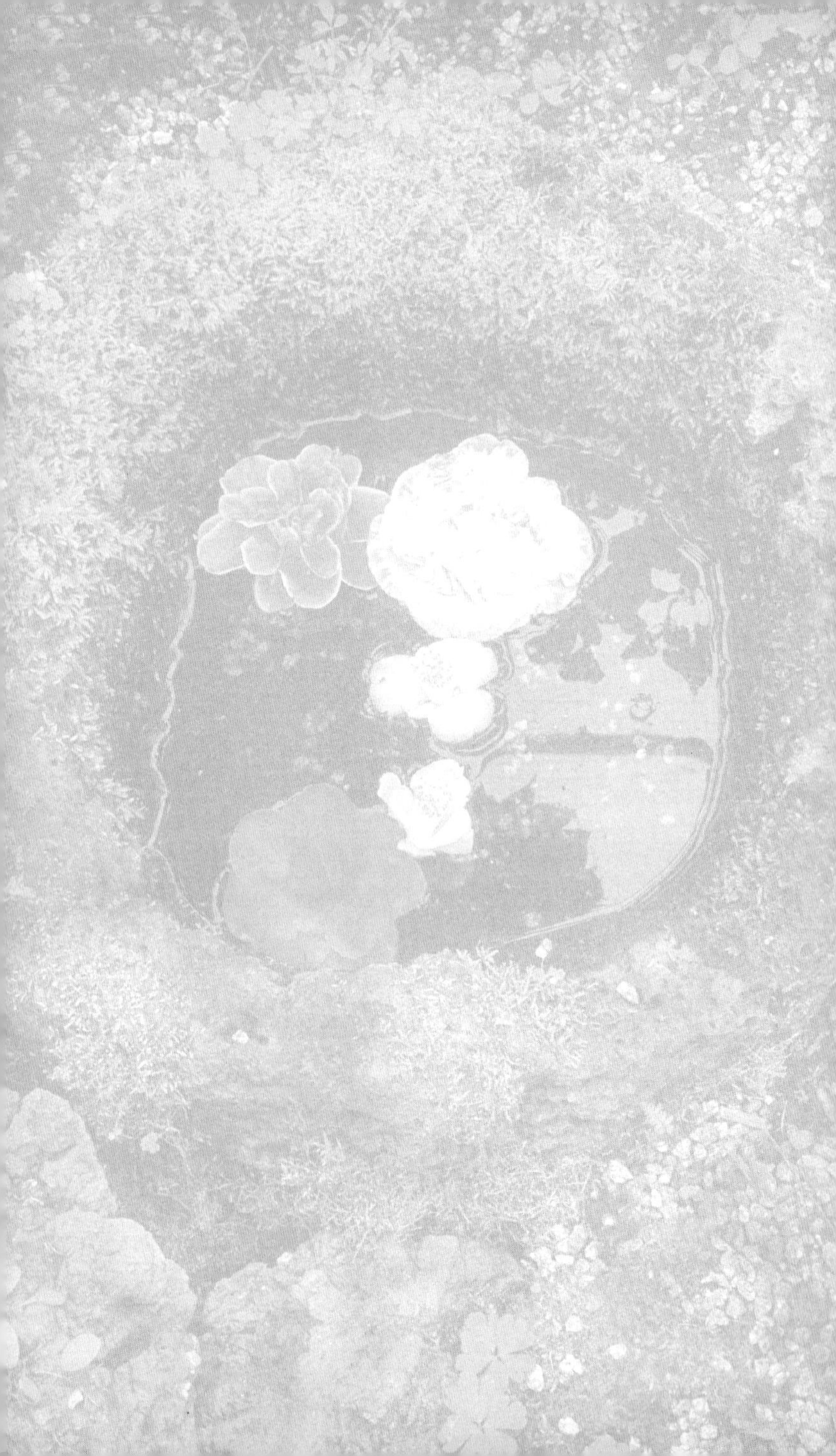